La marque du temps

Yago Otero
maskdumorte.com

Dédié:

- À tous ces petits, joyeux dans leur vie
- À Ainara, pour la magie de son amour, son affection, Et étancher ma soif, avec les eaux de sa terre

Première partie
LA MONTRE QUI NE FAIT PAS DABA
TIME

1. La vie est rêve

Et ce génie s'est endormi,
il est retombé dans les ténèbres.
Vous avez éteint votre conscience.
Et il a cessé de ressentir.

Et quand vient le matin, il est
temps de se réveiller.
Il retournera quelque part ,
où il se sent en sécurité.

2. Nuit sans lune

Les étoiles ne brillent pas.
Si ce n'est pas le rebond,
certains avec leur propre lumière
illumine les mondes,
certains vides, d'
autres joyeux de vie.

C'est dans les écrits anciens
que la lumière ne s'éteindra jamais.

3. L'aube de l'âme

À l'aube de l'âme,
tout est nouveau et attrayant.
Les formes, les chiffres,
les mots et leur signification.

A l' aube de l'âme,
tous sont bien aimés,
comme les chérubins du ciel
retrouvés.

A l'aube de l'âme vous
medéjà aviez captivé.
Et croyez-moi que prévu.
Voyez vos yeux, votre sourire.
Et d'amour les pleurs.

4.Amour et paix

J'ai longues veilles,
la nuit, j'écris mes poèmes.
Pour l'amour, pour rechercher la paix.
C'est toujours l'intérieur,
voire l' anxiété, qui nous fait vivre.

5. Dieu te sauve sauve

Disoma fille,
bénie sois-tu de la grâce céleste
Dans la mer de la vie tu es,
et moi au port attendant ton appel.

Attrapons la vague du bien-être,
celle de la guérison,
celle de l'amour.

Deuxième partie
MINUTES DE GLOIRE

1. Pour être à vos côtés

À vos côtés, je perdrais mon temps à
vous apprécier joyeusement.
Vous regarder,
Traverser l'univers, l'
univers des courbes
etdanses desexotiques.

2. Les lumières du firmament

Lumière et candeur,
comme ça tu brilles, ma fille aînée.
Comme un corpuscule stellaire,
enflammé de dévotion,
je le suis.

Et je me tais, je
ne te dis pas à quel point tu es belle pour moi,
je
ne te dis pas à quel point tu m'inspires fier.

3. Ombre noir

Ombre,
de la forêt dans le noir.

Ombre tenace,
d'un fantôme perspicace.

Ombre éternelle,
laissée par l'humanité.

4. Le fleuve

Le fleuve de la vie,
comme le fleuve de mon village,
coule jovialement et murmure.

Il me parle du désir et de la magie Il
me dit que le temps passe, Il
me dit que tu es invisible dans l'air là-bas

5. A ta merci

Toujours prêt à te servir,
avec amour et gentillesse.
Souhaitez-vous sécher un verset
ceux des larmes de sel?

Un poème satisferait-il
votre désir d'embrasser un amour paternel?

Pourrais-je te donner un baiser, pour te
souvenir?

Troisième partie
LA VIE TOUTE

1. Ce qui ne vient pas

Je n'ai pas une vie,
pas même deux.
Si elle était une fille,
qui   gagnerait?
Qui suis-jen pourrais enjaluar?

2. Qu'est-ce qui viendra

Laissez votre rire venir,
Laissez vos pleurs se calmer.
Que la paix vienne dans votre cosmos.

Puisse-t-il dormir la nuit
avec un nouveau poème.

Que les mots sont beaux,
que les faits valent du poids.
Que Aurore se souvienne à l'aube

3. Ce que je désiredésire

Jeton corps,
embrasse le miel sur tes lèvres,
illuminetes côtés
le chemin à..
Fais place à toi.
Chante pour toi avec joie.
Pleure les beautés.

4. Ce que j'imagine

Ce que j'imagine
semble être des tortures, des
faits et des doutes,
qui ne s'inquiètent pas.

5. Ce qui est vrai

Ce qui est vrai,
c'était l'amour de la jeunesse,
La tache floue déjà, d'un manque d'amour.

L'angoisse, les nerfs.
La nouvelle vie.
La gloire éternelle.

Quatrième partie
EN VOTRE ABSENCE

1. Un éclat

Aujourd'hui, j'ai vu un éclat
fugacefugace dans vos yeux.
J'ai vu quelque chose briller
dans ton sourire.
J'ai vu l'éclat de votre aura,
belle et pleine.

2. Laéveillée

Nuit,
voilà comment ces fantômes me retiennent.
Ils me disent de vous écrire,
de le laisser sur le compte rendu,
de ne pas compter les heures.

Que chaque jour
est une opportunité.
Et vous devez en profiter.

J'espère que ce jour-là,
où voir mes amours,
mes bébés.
À mes beaux amis.

3. Quand vous n'êtes pas

Oh! ... cette torture.
Quand tu ne l'es pas,
dans mon âme il y a de la noirceur
Quand tu ne l'es pas, jeme
prends le temps deréconcilier.
Quand tu n'es pas là,
mon ciel devient noir
et il ne brille que dessus.
Les âmes,
de l'impérissable.

4.Lexical refuge

Refuge du papier vierge,
chaud de mots,
qui sert d'abri.

Du papier vierge,
comme du lait pour nourrir
ma progéniture.

Demande des couleurs, des
dessins propose des
envies
non desécritsvers.

5.Ansia

Quel mot terrible.
Parce que cela signifie
savoir attendre.

De la patience,
c'est ce dont nous aurons besoin.

L'amour dans tout ce que nous devons voir.
Quand de la soif, l'
être devient.

EPILOGUE

Pour cette belle dame,
pour cette belle progéniture.
Pour avoir chassé les drames.
Pourreposer à vos côtés ...

FIN